ELIQ MARANIK

EISCREME

Sorbet, Granité & Co.

INHALT

SELBST GEMACHTES EIS _____ 5

EISCREMES _____

SORBETS _____

SELBST GEMACHTES EIS

HYGIENE

● Eiscreme besteht aus Milcherzeugnissen und ist daher sehr anfällig für Bakterien. Die Hände sollten vor dem Eismachen stets gründlich mit Seife gewaschen und mit einem frischen Handtuch oder Papierhandtüchern abgetrocknet werden.

● Auch alle Küchengeräte müssen sauber sein. Die Eismaschine sollte vor Gebrauch mit Spülmittel gereinigt, gründlich gespült und getrocknet werden. Achtung – der Eisbehälter darf nicht in die Spülmaschine!

● Die vorbereitete Creme wird rasch im eiskalten Wasserbad – am besten mit Eiswürfeln – abgekühlt. Bei einer langsameren Vorgehensweise können sich Bakterien schnell ausbreiten. Die abgekühlte Creme sollte immer mit Folie abgedeckt werden, bevor man sie in den Kühlschrank stellt.

● Das fertige Eis aus der Eismaschine füllt man in eine saubere Plastikbox und deckt diese mit Backpapier ab, um die Bildung von Eiskristallen an der Oberfläche zu verhindern. Das Papier sollte glatt gestrichen werden, damit keine Luftblasen entstehen, dann verschließt man die Box luftdicht.

VOR- UND ZUBEREITUNG, ABKÜHLEN UND GEFRIEREN

● Die Herstellung von Eiscreme läuft in vier Arbeitsschritten ab: Vorbereitung, Zubereitung, Abkühlen und Gefrieren. Entsprechend sind alle Rezepte aufgebaut – mit Ausnahme von Stieleis, das einfacher in der Zubereitung ist.

»ROSEN«- UND HOLZLÖFFELPROBE

● Grundlage für viele Milcheissorten ist eine Milch-Ei-Creme, die bis knapp unter dem Siedepunkt (75 – 85 °C) erhitzt wird. Wer kein Haushaltsthermometer hat, kann die Creme »zur Rose abziehen« oder anhand der Löffelprobe feststellen, ob die Masse dick genug ist.

● Bei der »Rosenprobe« bläst man auf die Rückseite eines Kochlöffels, den man vorher in die Creme getaucht hat. Bilden sich dabei rosenartige Kringel, hat die Masse die richtige Konsistenz.

● Bei der Holzlöffelprobe taucht man den Löffel in die Creme und zieht dann mit dem Finger eine Spur auf dem Löffelrücken. Fließt die Creme nicht auseinander, sondern bleibt stehen, ist sie fertig.

WENN DIE CREMEMASSE GERINNT

● Sollte die Ei-Sahne-Mischung gerinnen, schlägt man die noch warme Flüssigkeit kurz im Mixer auf. Das ist oft hilfreich. Danach sollte alles durch ein feinmaschiges Sieb passiert werden, um etwaige Klümpchen zu vermeiden. Ganz wichtig ist, den Mixer nur bis zur Hälfte zu füllen, da der heiße Dampf den Deckel hochdrücken könnte.

AUFBEWAHRUNG

• Die fertige Eiscreme muss sofort ins Tiefkühlfach, und dabei gilt die Devise: Je kälter, desto besser. Eine Gefriertemperatur von −18 °C oder kälter wäre ideal, weil dabei die Konsistenz und der Geschmack von Speiseeis am besten bewahrt bleiben.

• Wiederholtes Auftauen und Einfrieren verschlechtert die Eisstruktur. Beim Antauen und Servieren schmelzen die Eiskristalle, und sie gefrieren, wenn die Masse erneut ins Tiefkühlfach kommt − nun allerdings mit viel größeren Kristallen. Das bewirkt, dass die Eiscreme körnig wird.

• Speiseeis nimmt leicht den Geschmack anderer Lebensmittel an und wird durch Sauerstoffeinfluss beeinträchtigt − es wird transparent, und an der Oberfläche bilden sich große Eiskristalle. Deshalb sollte es mit Backpapier abgedeckt werden, das etwas größer ist als der Deckel der Box.

• Selbst gemachte Eiscreme aller Art enthält keine Konservierungsstoffe und sollte möglichst frisch verzehrt werden. Besonders Granités sind nur wenige Tage haltbar.

• Granités und Wassereis mit Fruchtsaft oder Fruchtpüree schmecken am besten, wenn sie frisch zubereitet sind.

SERVIEREN

• Eiscreme sollte 5–15 Minuten vor dem Verzehr aus dem Tiefkühlfach in den Kühlschrank gestellt werden, damit es geschmeidiger wird. (Die Zeit hängt von der Größe des Behältnisses und der Aufbewahrungstemperatur ab.) Lässt man Eiscreme kürzere Zeit bei Zimmertemperatur stehen, taut zwar die oberste Schicht an, aber der Kern bleibt hart. Außerdem wird sie dadurch nach erneutem Einfrieren körniger, wenn sie das nächste Mal aus dem Tiefkühlfach genommen wird.

EISPORTIONIERER

• **Richtige Temperatur.** Die Idealtemperatur von Eis, das mit dem Portionierer angerichtet wird, beträgt −13 °C. Manche Sorten können auch kälter sein.

• **Handhabung.** Es gibt verschiedene Arten von Portionierern; sie sollten stets mit der ganzen Hand, jedoch nicht zu weit vorn, gehalten werden.

• Das Eis mit dem Portionierer mit einer fließenden Handbewegung abschaben. Beim Abtragen der Eiscreme sollten möglichst keine Vertiefungen in der Masse entstehen und die Oberfläche eben bleiben. Am Rand des Eisbehältnisses sollte kein Eis haften. Der Portionierer wird zwischendurch in Wasser getaucht, dann tupft man ihn auf Küchenkrepp ab und kann die nächste Kugel formen. Wenn Wasser in die Eiscreme kommt, bilden sich Eiskristalle.

• Damit die Eiskugel nicht schmilzt, sollte das Wasser kalt sein; zudem sollte es immer ganz klar sein.

• Portionierer zwischen unterschiedlichen Eissorten säubern. Beim Wechsel zu einer anderen Geschmacksrichtung oder Farbe taucht man den Portionierer in kaltes Wasser und trocknet ihn mit einem sauberen Küchentuch oder Küchenkrepp ab.

• **Reinigung.** Der Portionierer sollte sofort nach Gebrauch gereinigt werden. Dabei muss man beachten, dass manche nicht spülmaschinenfest sind!

ZUBEREITUNG MIT DER EISMASCHINE

• Die Herstellung von Eiscreme in der Eismaschine geht einfach und sehr schnell.

1. Grundmasse nach Rezept zubereiten.

2. Creme im Kühlschrank abkühlen lassen.

3. Die abgekühlte Creme nach Herstellerangaben in der Eismaschine gefrieren lassen.

4. Die fertige Eiscreme in eine gekühlte Plastikbox füllen. Die Oberfläche mit einem Löffel glätten und mit Backpapier abdecken. Das Papier glatt streichen, damit keine Luftblasen entstehen. Dann den Deckel daraufsetzen und die Box für mindestens 4 Stunden ins Tiefkühlfach stellen.

ZUBEREITUNG OHNE EISMASCHINE

• Gute Eiscremes gelingen auch ohne Eismaschine, nur die Herstellung dauert etwas länger. Man braucht eine Edelstahlschüssel, eine luftdicht verschließbare Plastikbox, ein Handrührgerät oder einen Stabmixer, einen Holz- oder Plastiklöffel, Frischhaltefolie und Backpapier.

1. Die Edelstahlschüssel ins Tiefkühlfach stellen. Sie muss eiskalt sein, wenn die Crememasse eingefüllt wird.

2. Die Grundmasse nach Rezept zubereiten.

3. Die abgekühlte Creme in die eisgekühlte Schüssel geben, mit Folie abdecken und für 1 Stunde ins Tiefkühlfach stellen.

4. Danach die Folie abnehmen und die Creme 1 – 2 Minuten mit dem Handmixer auf höchster Stufe aufschlagen, bis sie eine gleichmäßige Konsistenz hat. Die Oberfläche mit einem Löffel glatt streichen, das Eis wieder abdecken und ins Tiefkühlfach stellen. Dabei sollte man zügig arbeiten, weil die Masse sonst schmilzt.

5. Den Vorgang drei- bis viermal wiederholen, bis die Eismasse fest ist. Bei einem normalen Tiefkühlfach mit – 18 °C genügt es, das Eis einmal pro Stunde aufzuschlagen, bei kälteren Temperaturen sollten die Zwischenräume kürzer sein.

6. Die fertige Eiscreme in eine gekühlte Plastikbox füllen. Die Oberfläche mit einem Löffel glätten und sorgfältig mit Backpapier abdecken. Dann den Deckel daraufsetzen und die Box für mindestens 4 Stunden ins Tiefkühlfach stellen.

EIS AM STIEL

• Die Masse für Stieleis lässt sich einfach und schnell in der Eismaschine herstellen.

1. Die Grundmasse nach Rezept herstellen.

2. Die Masse in die Eisformen füllen, die Stiele hineinstecken und die Formen für mindestens 6 Stunden ins Tiefkühlfach stellen, jedoch nicht länger als 1 Woche aufbewahren.

3. Das Eis lässt sich besser aus den Formen lösen, wenn man etwas warmes Wasser über die Formen laufen lässt und vorsichtig am Stiel dreht.

• Am besten verwendet man fertige Eisformen mit den dazugehörigen Stielen. Dann hat man auch nicht das Problem, dass die Stiele schief stecken.

• Es gibt ein großes Angebot an Stieleis-Formen in verschiedensten Formen und Farben, angefangen bei klassisch geraden Stielformen, bis hin zu Raketen-, Stern- und Herzformen. Abgesehen davon, kann man zum Beispiel auch kleine Backformen, Silkon-Cupcake-Formen, Papier- oder Plexiglasformen oder Ähnliches verwenden. Man sollte nur darauf achten, dass die Formen eine mundgerechte Größe haben.

• Holz- oder Plastikstiele für Eisformen ohne Stiele sind im Haushaltswarengeschäft oder im Bastelbedarf erhältlich. Natürlich kann man auch die Stiele von gekauftem Eis aufheben und später wiederverwenden. Sie müssen dann allerdings vor Gebrauch gut gereinigt und getrocknet werden.

• Es gibt zwei Tricks, damit die Stiele in separaten Eisformen gerade bleiben:

1. Die Grundmasse etwa 45 Minuten im Tiefkühlfach in den Formen fest werden lassen, die Masse sollte bereits zäh sein und einen harten Kern haben. Erst dann steckt man die Stiele hinein und kontrolliert nach einer Weile, ob sie gerade sitzen. Bevor die Eismasse ganz fest ist, können die Stiele noch zurechtgerückt werden.

2. Die Formen mit dem noch nicht ganz festen Eis mit einer doppelten Schicht Klarsichtfolie bedecken. Mit einem scharfen Messer an der entsprechenden Stelle vorsichtig ein Loch in die Folie stechen, das kleiner als der Stiel ist, und diesen dann in die Eismasse stecken.

EISTERRINEN/EISTORTEN

• Eine Eisterrine oder Eistorte lässt sich leicht zubereiten. Man braucht mindestens zwei Sorten Eis, Backpapier und ein tiefes Backblech oder eine Plastikbox. Zwischen die einzelnen Schichten kann man Krokant, Nüsse, Schokolade oder andere Süßigkeiten geben. Auch das fertig gefrorene Eis lässt sich mit den oben genannten Leckereien garnieren. Zum Überziehen der Oberfläche eignet sich geschmolzene Schokolade, die zwar flüssig, aber möglichst kühl sein soll (hier ist es hilfreich, etwas Kokosfett/-öl unterzumischen, da dieses erst bei tieferen Temperaturen fest wird). Bei der Verzierung von Eisterrinen oder -torten kann man seiner Kreativität freien Lauf lassen!

1. Mindestens zwei Eissorten zubereiten.

2. Das Backpapier in das Backblech legen und an den Ecken einschneiden, damit man es dort überlappend legen kann und keine Falten entstehen. Dadurch verhindert man unschöne Ecken und Muster auf der Eisfläche.

3. Die erste Lage Eis auf dem Blech verteilen und mit Backpapier in der Größe des Bleches abdecken. Blech mindestens 1 Stunde in das Tiefkühlfach stellen.

4. Das Blech herausnehmen, das Deckpapier entfernen und die nächste Schicht auf dem Eis verteilen. Oberfläche glatt streichen und wieder mit Backpapier bedecken. Blech erneut mindestens 1 Stunde in das Tiefkühlfach stellen. Auf diese Weise kann man beliebig viele Schichten Eis übereinandersetzen.

5. Die letzte Schicht Eis mit Backpapier bedeckt mindestens 4 Stunden im Tiefkühlfach ruhen lassen.

6. Das Eis etwa 10 Minuten vor dem Servieren vom Tiefkühlfach in den Kühlschrank stellen. Das Deckpapier abnehmen, die Form auf eine Platte stürzen und das Backpapier vorsichtig ablösen. Das Eis mit gehackten Nüssen oder Ähnlichem bestreuen und nach Belieben mit frischen Beeren, Nüssen oder Schokoraspeln garnieren.

EIS-SANDWICHES

• Eis-Sandwiches lassen sich aus jeder Eissorte und jeder Art von Keksen herstellen. Man braucht dazu nur eine Kugel Eis und zwei große Kekse, Makronen oder Waffeln. Wer möchte, kann etwas Fruchtkompott auf das Eis geben und dann den zweiten Keks daraufsetzen Eine Variante wäre, das fertige Sandwich mit gehackten Nüssen oder geriebener Schokolade zu bestreuen oder eine Hälfte in Schokoladenkuvertüre zu tauchen.

• Für sechs Sandwiches braucht man sechs Kugeln Eis und zwölf Kekse nach Wahl.

1. Sechs Kugeln Eis aus einer beliebigen Sorte in den Kühlschrank stellen, damit das Eis etwas antaut.

2. Das weiche Eis auf sechs Kekse verteilen.

3. Die restlichen Kekse als Deckel daraufsetzen.

4. Sandwiches für 30 Minuten in das Tiefkühlfach stellen, dann servieren. Übrig gebliebene Sandwiches in Folie wickeln, in eine verschließbare Plastikbox geben und in das Tiefkühlfach stellen.

VANILLEEIS

Für etwa 1,2 Liter Eiscreme

- 2 Vanilleschoten
- 400 g Sahne
- 400 ml Vollmilch
- 3 EL heller Honig oder
  Glukosepulver
- 6 Eigelbe
- 170 g Zucker

✦ **Vorbereitung**: Die Vanilleschoten längs aufschneiden und das Mark herausschaben. Beides mit Sahne, Milch und Honig oder Glukosepulver in einen großen Topf geben. Eigelbe und Zucker in einer großen Rührschüssel schaumig schlagen.

✦ **Zubereitung**: Die Sahne-Vanille-Mischung aufkochen lassen. Die noch warme Masse nach und nach zur Eicreme geben und gut verrühren. Masse in den Topf zurückgeben und bei mittlerer Hitze bis knapp unter dem Siedepunkt unter häufigem Rühren eindicken lassen. Die Creme darf nicht kochen, sonst gerinnt das Eigelb.

✦ **Abkühlen**: Die Creme im eiskalten Wasserbad abkühlen lassen und durch ein feinmaschiges Sieb in die Schüssel passieren. Creme mit Folie abdecken und 4 – 12 Stunden im Kühlschrank ruhen lassen. Danach die Creme mit dem Stabmixer aufschlagen.

✦ **Gefrieren**: Die Masse in die Eismaschine füllen und cremig fest frieren lassen. Das Vanilleeis kann in noch cremiger Konsistenz sofort serviert werden. Ansonsten das Eis in eine Plastikbox füllen, mit Backpapier abdecken und das Papier glatt streichen, damit sich keine Blasen bilden. Dann das Eis in der luftdicht verschlossenen Box mindestens 4 Stunden im Tiefkühlfach fest werden lassen.

✦ **Servieren**: Das Eis etwa 15 Minuten vor dem Servieren aus dem Tiefkühlfach nehmen und in den Kühlschrank stellen, damit es leicht antaut und seinen Geschmack entfalten kann.

VANILLEEIS OHNE EIER

Für etwa 1,2 Liter Eiscreme

- 2 EL Maisstärke
- 500 ml + 3 EL Vollmilch
- 1 Vanilleschote
- 300 g Sahne
- 170 g Zucker
- 3 EL heller Honig oder
  Glukosepulver

Vorbereitung: Die Maisstärke mit drei Esslöffel Milch in einer Schale gründlich verrühren, es dürfen keine Klümpchen entstehen. Die Vanilleschote längs aufschneiden und das Mark herausschaben. Beides mit Milch, Sahne, Zucker und Honig oder Glukosepulver in einen großen Topf mit dickem Boden geben.

Zubereitung: Die Sahne-Vanille-Mischung aufkochen, dann den Topf vom Herd nehmen. Die aufgelöste Maisstärke mit dem Schneebesen unter die heiße Masse geben und alles unter ständigem Rühren erneut aufkochen lassen, bis die Creme eindickt (das dauert etwa 1 Minute).

Abkühlen: Die Creme im eiskalten Wasserbad abkühlen lassen und durch ein feinmaschiges Sieb passieren. Wird die Eiscreme nicht sofort zubereitet, die Schüssel mit Folie abgedeckt im Kühlschrank aufbewahren (höchstens 2 Tage).

Gefrieren: Die Masse in die Eismaschine geben und cremig fest frieren lassen. Das Vanilleeis kann in noch cremiger Konsistenz sofort serviert werden. Ansonsten das Eis in eine Plastikbox füllen, mit Backpapier abdecken und das Papier glatt streichen, damit sich keine Blasen bilden. Dann das Eis in der luftdicht verschlossenen Box mindestens 4 Stunden im Tiefkühlfach fest werden lassen.

Servieren: Das Eis etwa 15 Minuten vor dem Servieren aus dem Tiefkühlfach nehmen und in den Kühlschrank stellen, damit es leicht antaut und seinen Geschmack entfalten kann.

VANILLE-JOGHURT-EIS

Für etwa 1 Liter Eiscreme

- 720 g Naturjoghurt
  (mindestens 3 % Fettgehalt)
- 1 Blatt weiße Gelatine (2 g)
- 2 Vanilleschoten
- ½ unbehandelte Zitrone
- 100 ml Wasser
- 170 g Zucker
- 3 EL heller Honig oder
  Glukosepulver
- 200 g Sahne

● **Vorbereitung**: Das Eis bekommt eine besonders cremige Konsistenz, wenn man den Joghurt von der Molke trennt: Ein Sieb mit einem Seihtuch auslegen und auf eine große Schüssel setzen. Joghurt in das Sieb geben und mit Frischhaltefolie abdecken, mindestens 8 Stunden im Kühlschrank abtropfen lassen. Es bleiben etwa 540 Gramm Joghurt übrig. Das Gelatineblatt etwa 10 Minuten in kaltem Wasser einweichen. Die Vanille-schoten längs aufschneiden, das Mark herausschaben und beides in einen Topf mit dickem Boden geben. Die Zitrone waschen. Von der Schale dünne Streifen mit einem Sparschäler abziehen und diese in den Topf geben.

● **Zubereitung**: Wasser im Topf angießen, Zucker und Honig oder Glukosepulver hinzufügen. Alles einmal auf-kochen lassen, damit Läuterzucker entsteht (das dauert etwa 10 Minuten). Dann den Topf vom Herd nehmen, die Gelatine unter ständigem Rühren darin auflösen und den Läuterzucker 10 Minuten ziehen lassen.

● **Abkühlen**: Den Läuterzucker im eiskalten Wasserbad abkühlen lassen und durch ein Sieb in eine große Schüs-sel gießen. Sahne und Joghurt hinzufügen und mit dem Stabmixer unterrühren.

● **Gefrieren**: Die Masse in die Eismaschine geben und cremig fest frieren lassen. Das Eis in eine Plastikbox geben, mit Backpapier abdecken und das Papier glatt streichen, damit sich keine Blasen bilden. Dann das Eis in der luftdicht verschlossenen Box mindestens 4 Stun-den im Tiefkühlfach fest werden lassen.

● **Servieren**: Das Eis etwa 15 Minuten vor dem Servieren aus dem Tiefkühlfach nehmen und in den Kühlschrank stellen, damit es leicht antaut und seinen Geschmack entfalten kann.

SCHOKOLADENEIS OHNE EIER

Für etwa 1,2 Liter Eiscreme

- 250 g Zartbitterschokolade (mindestens 50 % Kakaogehalt)
- 2 EL Maisstärke
- 600 ml + 3 EL Vollmilch
- 300 g Sahne
- 85 g Zucker
- 3 EL heller Honig oder Glukosepulver

● **Vorbereitung**: Die Schokolade fein hacken. Die Maisstärke mit drei Esslöffel Milch in einer Schale gründlich verrühren, es dürfen keine Klümpchen entstehen.

● **Zubereitung**: Sahne, Zucker, Milch und Honig oder Glukosepulver in einem Topf mit dickem Boden aufkochen. Den Topf vom Herd nehmen und die aufgelöste Maisstärke mit dem Schneebesen unter die heiße Masse geben. Alles unter ständigem Rühren erneut aufkochen lassen, bis die Creme eindickt (das dauert etwa 1 Minute). Die Schokolade mit dem Schneebesen unter die noch warme Creme mischen, bis sie vollständig geschmolzen ist.

● **Abkühlen**: Die Creme im eiskalten Wasserbad abkühlen lassen.

● **Gefrieren**: Die Masse in die Eismaschine geben und cremig fest frieren lassen. Das Schokoladeneis kann in noch cremiger Konsistenz sofort serviert werden. Ansonsten das Eis in eine Plastikbox füllen, mit Backpapier abdecken und das Papier glatt streichen, damit sich keine Blasen bilden. Dann das Eis in der luftdicht verschlossenen Box mindestens 4 Stunden im Tiefkühlfach fest werden lassen.

● **Servieren**: Das Eis etwa 15 Minuten vor dem Servieren aus dem Tiefkühlfach nehmen und in den Kühlschrank stellen, damit es leicht antaut und seinen Geschmack entfalten kann.

PFEFFERMINZ-SCHOKOLADEN-EIS

Für etwa 1,2 Liter Eiscreme

- 300 g Vollmilchschokolade
  (mindestens 40 % Kakao-
  gehalt)
- 130 g Zucker
- 4 Eigelbe
- 40 g frische Pfefferminzblätter
  oder 2 TL Minzsirup
- 400 g Sahne
- 400 ml Vollmilch
- 3 EL heller Honig oder
  Glukosepulver
- Pfefferminzschokolade
  (nach Belieben)

Vorbereitung: Die Schokolade fein hacken. Eigelbe und Zucker in einer großen Rührschüssel schaumig schlagen. Die Pfefferminzblätter fein hacken.

Zubereitung: Sahne, Milch und Honig oder Glukosepulver in einem großen Topf aufkochen. Die noch warme Sahnemischung nach und nach zur Eicreme geben und alles gut verrühren. Die Masse in den Topf zurückgeben und bei mittlerer Hitze bis knapp unter dem Siedepunkt unter häufigem Rühren eindicken lassen. Die Creme darf nicht kochen, sonst gerinnt das Eigelb. Die Schokolade mit dem Schneebesen unter die noch warme Creme mischen, bis sie vollständig geschmolzen ist.

Abkühlen: Die Creme im eiskalten Wasserbad abkühlen lassen, die gehackten Minzeblätter hinzufügen und alles gut vermischen. Creme mit Folie abgedeckt 4–12 Stunden im Kühlschrank ruhen lassen. Danach die Creme kurz mit dem Stabmixer aufschlagen.

Gefrieren: Die Masse in die Eismaschine geben und cremig fest frieren lassen. Das Schokoladeneis kann in noch cremiger Konsistenz sofort serviert werden. Ansonsten das Eis in eine Plastikbox füllen, mit Backpapier abdecken und das Papier glatt streichen, damit sich keine Blasen bilden. Das Eis in der luftdicht verschlossenen Box mindestens 4 Stunden im Tiefkühlfach fest werden lassen.

Servieren: Das Eis etwa 15 Minuten vor dem Servieren aus dem Tiefkühlfach nehmen und in den Kühlschrank stellen, damit es leicht antaut und seinen Geschmack entfalten kann.

STRACCIATELLA-EIS

Für etwa 1,2 Liter Eiscreme

- 1 Vanilleschote
- 400 g Sahne
- 400 ml Vollmilch
- 3 EL heller Honig oder Glukosepulver
- 6 Eigelbe
- 130 g Zucker
- 200 g Zartbitterschokolade (mindestens 55 % Kakaogehalt)

• **Vorbereiten**: Die Vanilleschote längs aufschneiden und das Mark herausschaben. Beides mit Sahne, Milch und Honig oder Glukosepulver in einen großen Topf geben. Eigelbe und Zucker in einer großen Rührschüssel schaumig schlagen.

• **Zubereiten**: Die Sahne-Vanille-Mischung aufkochen lassen. Die noch warme Masse nach und nach zur Eicreme geben und alles verrühren. Die Masse in den Topf zurückgeben und bei mittlerer Hitze bis knapp unter dem Siedepunkt unter häufigem Rühren eindicken lassen. Die Creme darf nicht kochen, sonst gerinnt das Eigelb.

• **Abkühlen**: Die Creme im eiskalten Wasserbad abkühlen lassen und durch ein feinmaschiges Sieb in die Schüssel passieren. Creme mit Folie abgedeckt 4–12 Stunden im Kühlschrank ruhen lassen. Danach die Creme kurz mit dem Stabmixer aufschlagen.

• **Gefrieren**: Die Masse in die Eismaschine geben und cremig fest frieren lassen. Die Schokolade schmelzen, in eine Papiertüte oder einen Plastikbeutel füllen, eine kleine Tütenspitze abschneiden und die Schokolade in einem dünnen Strahl in die gefrorene Eiscreme spritzen, während die Eismaschine noch kurz läuft. Wenn keine Eismaschine zur Verfügung steht, die Masse ins Tiefkühlfach stellen, regelmäßig umrühren, bis sie fast fest ist, dann die Schokolade auf die gleiche Weise hinzufügen. Das Eis kann in noch cremiger Konsistenz sofort serviert werden. Ansonsten das Eis in eine Plastikbox füllen, mit Backpapier abdecken und das Papier glatt streichen, damit sich keine Blasen bilden. Dann das Eis in der luftdicht verschlossenen Box mindestens 4 Stunden im Tiefkühlfach fest werden lassen.

• **Servieren**: Das Eis etwa 15 Minuten vor dem Servierer aus dem Tiefkühlfach nehmen und in den Kühlschrank stellen.

KARAMELLEIS

Für etwa 1,2 Liter Eiscreme

- 1 Vanilleschote
- 400 g Sahne
- 400 ml Vollmilch
- 3 EL heller Honig oder
  Glukosepulver
- 5 Eigelbe
- 170 g Zucker
- 50 ml Wasser
- 1 Prise Meersalz

● **Vorbereitung**: Die Vanilleschote längs aufschneiden und das Mark herausschaben. Beides mit Sahne, Milch und Honig oder Glukosepulver in einen großen Topf geben. Eigelbe und 40 Gramm Zucker in einer Rühr-schüssel schaumig schlagen.

● **Zubereitung**: Die Sahne-Vanille-Mischung aufkochen lassen und Topf beiseitestellen. Den restlichen Zucker und das Wasser in einem anderen Topf kochen, bis ein dunkelbrauner Karamell entsteht; diesen sofort unter die warme Sahnecreme mischen. Den Topf auf den Herd zurückstellen. Alles erneut aufkochen lassen und darauf achten, dass sich der Zucker vollständig auflöst. Die noch warme Masse nach und nach zur Eicreme geben und alles gut verrühren. Die Masse in den Topf zurück-geben und bei mittlerer Hitze bis knapp unter dem Sie-depunkt unter häufigem Rühren eindicken lassen. Die Creme darf nicht kochen, sonst gerinnt das Eigelb. Eine Prise Meersalz unter die noch warme Creme rühren.

● **Abkühlen**: Die Creme im eiskalten Wasserbad ab-kühlen lassen und durch ein feinmaschiges Sieb in eine Schüssel passieren. Mit Folie abgedeckt 4 – 12 Stunden im Kühlschrank ruhen und gut durchziehen lassen. Da-nach die Creme kurz mit dem Stabmixer aufschlagen.

● **Gefrieren**: Die Masse in die Eismaschine geben und cremig fest frieren lassen. Das Karamelleis kann in noch cremiger Konsistenz sofort serviert werden. Ansonsten das Eis in eine Plastikbox füllen, mit Backpapier ab-decken und das Papier glatt streichen, damit sich keine Blasen bilden. Dann das Eis in der luftdicht verschlos-senen Box mindestens 4 Stunden im Tiefkühlfach fest werden lassen.

● **Servieren**: Das Eis etwa 15 Minuten vor dem Servieren aus dem Tiefkühlfach nehmen und in den Kühlschrank stellen.

ZIMTEIS

Für etwa 1,2 Liter Eiscreme

- 6 Eigelbe
- 140 g Farinzucker
- 400 g Sahne
- 400 ml Vollmilch
- 3 EL heller Honig oder Glukosepulver
- 40 g gemahlener Zimt
- 50 ml brauner Rum (nach Belieben)

● **Vorbereitung**: Eigelbe und Zucker schaumig schlagen.

● **Zubereitung**: Sahne, Milch und Honig oder Glukosepulver in einem großen Topf mit dickem Boden aufkochen lassen. Die noch warme Sahnemischung nach und nach zur Eicreme geben und alles gut verrühren. Die Masse in den Topf zurückgeben. Zimt und Rum hinzufügen und gut verrühren. Den Topf auf den Herd stellen und die Masse bei mittlerer Hitze bis knapp unter dem Siedepunkt unter häufigem Rühren eindicken lassen. Die Creme darf nicht kochen, sonst gerinnt das Eigelb.

● **Abkühlen**: Die Creme im eiskalten Wasserbad abkühlen lassen und durch ein feinmaschiges Sieb in die Schüssel passieren. Mit Folie abgedeckt 4 – 12 Stunden im Kühlschrank ruhen und gut durchziehen lassen. Danach die Creme kurz mit dem Stabmixer aufschlagen.

● **Gefrieren**: Die Masse in die Eismaschine geben und cremig fest frieren lassen. Das Zimteis kann in noch cremiger Konsistenz sofort serviert werden. Ansonsten das Eis in eine Plastikbox füllen, mit Backpapier abdecken und das Papier glatt streichen, damit sich keine Blasen bilden. Dann das Eis in der luftdicht verschlossenen Box mindestens 4 Stunden im Tiefkühlfach fest werden lassen.

● **Servieren**: Das Eis etwa 15 Minuten vor dem Servieren aus dem Tiefkühlfach nehmen und in den Kühlschrank stellen, damit es leicht antaut und seinen Geschmack entfalten kann.

ERDBEEREIS

Für etwa 1,2 Liter Eiscreme

- 600 g Erdbeeren, gewaschen und von grünen Stielansätzen befreit
- 170 g Zucker
- 4 Eigelbe
- 100 ml Vollmilch
- 400 g Sahne
- 3 EL heller Honig oder Glukosepulver

● **Vorbereitung**: Die Erdbeeren und die Hälfte des Zuckers im Mixer pürieren, bis sich der Zucker vollständig aufgelöst hat. Das Erdbeermark durch ein feinmaschiges Sieb passieren und kühl stellen. Eigelbe und restlichen Zucker schaumig schlagen.

● **Zubereitung**: Milch, Sahne und Honig oder Glukosepulver in einem großen Topf aufkochen lassen. Die warme Sahnemischung nach und nach zur Eicreme geben und alles gut verrühren. Die Masse in den Topf zurückgeben und die Creme bei mittlerer Hitze bis knapp unter dem Siedepunkt unter häufigem Rühren eindicken lassen. Die Creme darf nicht kochen, sonst gerinnt das Eigelb.

● **Abkühlen**: Die Masse im eiskalten Wasserbad abkühlen lassen. Das Erdbeermark mit dem Stabmixer unter die abgekühlte Creme mischen. Die Masse mit Folie abgedeckt einige Stunden im Kühlschrank ruhen lassen.

● **Gefrieren**: Die Masse in die Eismaschine geben und cremig fest frieren lassen. Das Eis kann in noch cremiger Konsistenz sofort serviert werden. Ansonsten das Eis in eine Plastikbox füllen, mit Backpapier abdecken und das Papier glatt streichen, damit sich keine Blasen bilden. Dann das Eis in der luftdicht verschlossenen Box mindestens 4 Stunden im Tiefkühlfach fest werden lassen.

● **Servieren**: Das Eis etwa 15 Minuten vor dem Servieren aus dem Tiefkühlfach nehmen und in den Kühlschrank stellen, damit es leicht antaut und seinen Geschmack entfalten kann.

Tipp!
Das fertige Eis kann als Dessert mit in Zuckersirup eingelegten, abgetropften Erdbeeren garniert werden. Man kann das Eis auch mit Himbeersauce servieren.

ERDBEEREIS OHNE EIER

Für etwa 1,2 Liter Eiscreme

- 500 g Erdbeeren, gewaschen und von grünen Stielansätzen befreit
- 210 g Zucker
- 2 EL Maisstärke
- 200 ml + 3 EL Vollmilch
- 400 g Sahne
- 3 EL heller Honig oder Glukosepulver

● **Vorbereitung**: Die Erdbeeren mit 85 Gramm Zucker im Mixer pürieren, bis sich der Zucker vollständig aufgelöst hat. Das Erdbeermark durch ein feinmaschiges Sieb passieren und kühl stellen. Die Maisstärke mit drei Esslöffel Milch in einer Schale gründlich verrühren, es dürfen keine Klümpchen entstehen.

● **Zubereitung**: Restlichen Zucker, Milch, Sahne und Honig oder Glukosepulver in einem großen Topf mit dickem Boden aufkochen lassen, dann den Topf vom Herd nehmen. Die aufgelöste Maisstärke mit dem Schneebesen unter die heiße Masse mischen und unter ständigem Rühren erneut aufkochen, bis die Creme eindickt (das dauert etwa 1 Minute).

● **Abkühlen**: Die Creme im eiskalten Wasserbad abkühlen lassen. Das Erdbeermark mit dem Stabmixer unter die abgekühlte Eiscreme rühren.

● **Gefrieren**: Die Masse in die Eismaschine geben und cremig fest frieren lassen. Das Erdbeereis kann in noch cremiger Konsistenz sofort serviert werden. Ansonsten das Eis in eine Plastikbox füllen, mit Backpapier abdecken und das Papier glatt streichen, damit sich keine Blasen bilden. Dann das Eis in der luftdicht verschlossenen Box mindestens 4 Stunden im Tiefkühlfach fest werden lassen.

● **Servieren**: Das Eis etwa 15 Minuten vor dem Servieren aus dem Tiefkühlfach nehmen und in den Kühlschrank stellen, damit es leicht antaut und seinen Geschmack entfalten kann.

LEBKUCHENEIS

Für etwa 1,2 Liter Eiscreme

- 5 Eigelbe
- 110 g Farinzucker
- 400 g Sahne
- 400 ml Vollmilch
- 1 Prise Meersalz
- 3 EL heller Honig oder Glukosepulver
- 20 g Lebkuchengewürz
- 100 g Lebkuchen, zerkleinert (nach Belieben)

• **Vorbereitung**: Eigelbe und Zucker schaumig schlagen.

• **Zubereitung**: Sahne, Milch, Salz und Honig oder Glukosepulver aufkochen lassen, Lebkuchengewürz hinzufügen und das Ganze einige Minuten bei schwacher Hitze köcheln lassen. Die noch warme Sahnemischung nach und nach zur Eicreme geben und alles gut verrühren. Die Masse in den Topf zurückgeben und die Creme bei mittlerer Hitze bis knapp unter dem Siedepunkt unter häufigem Rühren eindicken lassen. Die Creme darf nicht kochen, sonst gerinnt das Eigelb.

• **Abkühlen**: Die Masse im eiskalten Wasserbad abkühlen lassen und durch ein feinmaschiges Sieb in die Schüssel passieren. Mit Folie abgedeckt einige Stunden im Kühlschrank ruhen und gut durchziehen lassen. Danach die Creme kurz mit dem Stabmixer aufschlagen.

• **Gefrieren**: Die Masse in die Eismaschine geben und cremig fest frieren lassen. Zum Schluss die zerkleinerten Lebkuchen dazugeben. Wenn keine Eismaschine zur Verfügung steht, die Masse ins Tiefkühlfach stellen, regelmäßig umrühren, bis sie fast fest ist, und die Lebkuchen auf die gleiche Weise hinzufügen. Das Lebkucheneis kann in noch cremiger Konsistenz sofort serviert werden. Ansonsten das Eis in eine Plastikbox füllen, mit Backpapier abdecken und das Papier glatt streichen, damit sich keine Blasen bilden. Dann das Eis in der luftdicht verschlossenen Box mindestens 4 Stunden im Tiefkühlfach fest werden lassen.

• **Servieren**: Das Eis etwa 15 Minuten vor dem Servieren aus dem Tiefkühlfach nehmen und in den Kühlschrank stellen, damit es leicht antaut und seinen Geschmack entfalten kann.

HIMBEEREIS

Für etwa 1,2 Liter Eiscreme

- 500 g Himbeeren
- 170 g Zucker
- 4 Eigelbe
- 400 g Sahne
- 400 ml Vollmilch
- 3 EL heller Honig oder Glukosepulver

● **Vorbereitung**: Die Himbeeren und 85 Gramm Zucker im Mixer pürieren, bis sich der Zucker vollständig aufgelöst hat. Das Püree durch ein feinmaschiges Sieb passieren und kühl stellen. Eigelbe und restlichen Zucker schaumig schlagen.

● **Zubereitung**: Sahne, Milch und Honig oder Glukosepulver in einem großen Topf mit dickem Boden aufkochen lassen. Die noch warme Sahnemischung nach und nach zur Eicreme geben und alles gut verrühren. Die Masse in den Topf zurückgeben und bei mittlerer Hitze bis knapp unter dem Siedepunkt unter häufigem Rühren eindicken lassen. Die Creme darf nicht kochen, sonst gerinnt das Eigelb.

● **Abkühlen**: Die Creme im eiskalten Wasserbad abkühlen lassen. Die Himbeersauce mit dem Stabmixer unter die abgekühlte Creme mischen. Die Creme mit Folie abgedeckt einige Stunden in den Kühlschrank stellen.

● **Gefrieren**: Die Masse in die Eismaschine geben und cremig fest frieren lassen. Das Himbeereis kann in noch cremiger Konsistenz sofort serviert werden. Ansonsten das Eis in eine Plastikbox füllen, mit Backpapier abdecken und das Papier glatt streichen, damit sich keine Blasen bilden. Dann das Eis in der luftdicht verschlossenen Box mindestens 4 Stunden im Tiefkühlfach fest werden lassen.

● **Servieren**: Das Eis etwa 15 Minuten vor dem Servieren aus dem Tiefkühlfach nehmen und in den Kühlschrank stellen, damit es leicht antaut und seinen Geschmack entfalten kann.

Tipp!
Das fertige Eis kann als Dessert mit Himbeersauce serviert werden.

KOKOSEIS

Für etwa 1,2 Liter Eiscreme

- 5 Eigelbe
- 130 g Zucker
- 200 g Sahne
- 200 ml Vollmilch
- 400 ml Kokosmilch
- 3 EL heller Honig oder
  Glukosepulver
- 30 g Kokosraspel
  + 5 g zum Garnieren
  (nach Belieben)

Vorbereitung: Eigelbe und Zucker schaumig schlagen.

Zubereitung: Sahne, Milch, Kokosmilch und Honig oder Glukosepulver in einem großen Topf aufkochen lassen. Die noch warme Masse nach und nach unter die Eicreme geben und alles gut verrühren. Die Masse in den Topf zurückgeben. Den Topf auf den Herd stellen und die Sahnecreme bei mittlerer Hitze bis knapp unter dem Siedepunkt unter häufigem Rühren eindicken lassen. Die Creme darf nicht kochen, sonst gerinnt das Eigelb. Nach Belieben 30 Gramm Kokosraspel unter die warme Masse ziehen.

Abkühlen: Die Creme im eiskalten Wasserbad abkühlen und anschließend mit Folie abgedeckt einige Stunden im Kühlschrank ruhen lassen. Die Creme kurz mit dem Stabmixer aufschlagen.

Gefrieren: Die Masse in die Eismaschine geben und cremig fest frieren lassen. Das Kokoseis kann in noch cremiger Konsistenz sofort serviert werden. Ansonsten das Eis in eine Plastikbox füllen, mit Backpapier abdecken und das Papier glatt streichen, damit sich keine Blasen bilden. Dann das Eis in der luftdicht verschlossenen Box mindestens 4 Stunden im Tiefkühlfach fest werden lassen.

Servieren: Das Eis etwa 15 Minuten vor dem Servieren aus dem Tiefkühlfach nehmen und in den Kühlschrank stellen, damit es leicht antaut und seinen Geschmack entfalten kann.

HASELNUSSEIS

Für etwa 1,2 Liter Eiscreme

- 5 Eigelbe
- 130 g Zucker
- 200 g Sahne
- 600 ml Vollmilch
- 3 EL heller Honig oder
  Glukosepulver
- 150 g Haselnusspaste
  (oder Nusscreme)
- 150 g Haselnüsse, gehackt und
  karamellisiert (siehe Seite 76)

● **Vorbereitung**: Eigelbe und Zucker schaumig schlagen

● **Zubereitung**: Sahne, Milch und Honig oder Glukose- pulver in einem großen Topf mit dickem Boden auf- kochen lassen. Die noch warme Sahnemischung nach und nach zur Eicreme geben und alles gut verrühren. Die Masse in den Topf zurückgeben und die Creme bei mittlerer Hitze bis knapp unter dem Siedepunkt unter häufigem Rühren eindicken lassen. Die Creme darf nicht kochen, sonst gerinnt das Eigelb. Die Haselnusspaste unter die noch warme Creme mischen.

● **Abkühlen**: Die Creme im eiskalten Wasserbad ab- kühlen lassen und mit Folie abgedeckt 4–12 Stunden im Kühlschrank ruhen lassen. Die Creme kurz mit dem Stabmixer aufschlagen.

● **Gefrieren**: Die Masse in die Eismaschine geben und cremig fest frieren lassen. Zum Schluss die gehackten Nüsse hinzufügen. Das Haselnusseis kann in noch cre- miger Konsistenz sofort serviert werden. Ansonsten das Eis in eine Plastikbox füllen, mit Backpapier abdecken und das Papier glatt streichen, damit sich keine Blasen bilden. Dann das Eis in der luftdicht verschlossenen Box mindestens 4 Stunden im Tiefkühlfach fest werden lassen.

● **Servieren**: Das Eis etwa 15 Minuten vor dem Servieren aus dem Tiefkühlfach nehmen und in den Kühlschrank stellen, damit es leicht antaut und seinen Geschmack entfalten kann. Man kann es mit karamellisierten Hasel- nüssen garnieren.

HEIDELBEER-JOGHURT-EIS

Für etwa 1,2 Liter Eiscreme

- 600 g Naturjoghurt
  (mindestens 3 % Fettgehalt)
- 1 Blatt weiße Gelatine (2 g)
- 500 g Heidelbeeren
- 100 ml Wasser
- 170 g Zucker
- 3 EL heller Honig oder
  Glukosepulver
- 100 g Sahne

● **Vorbereitung**: Das Eis bekommt eine besonders cremige Konsistenz, wenn man den Joghurt von der Molke trennt: Ein Sieb mit einem Seihtuch auslegen und auf eine große Schüssel setzen. Joghurt in das Sieb geben und mit Frischhaltefolie abdecken, mindestens 8 Stunden im Kühlschrank abtropfen lassen. Es bleiben ungefähr 420 Gramm Joghurt übrig. Das Gelatineblatt 10 Minuten in kaltem Wasser einweichen. Die Heidelbeeren pürieren, das Püree durch ein feinmaschiges Sieb streichen und kühl stellen.

● **Zubereitung**: Wasser, Zucker und Honig oder Glukosepulver in einen Topf geben und alles einmal aufkochen lassen, damit Läuterzucker entsteht. Den Topf vom Herd nehmen und die Gelatine unter ständigem Rühren darin auflösen.

● **Abkühlen**: Den Läuterzucker im eiskalten Wasserbad abkühlen lassen. Heidelbeerpüree, Sahne und Joghurt zum Läuterzucker geben und alles mit dem Stabmixer verrühren.

● **Gefrieren**: Die Masse in die Eismaschine geben und cremig fest frieren lassen. Das Eis kann in noch cremiger Konsistenz sofort serviert werden. Ansonsten das Eis in eine Plastikbox füllen, mit Backpapier abdecken und das Papier glatt streichen, damit sich keine Blasen bilden. Dann das Eis in der luftdicht verschlossenen Box mindestens 4 Stunden im Tiefkühlfach fest werden lassen.

● **Servieren**: Das Eis etwa 15 Minuten vor dem Servieren aus dem Tiefkühlfach nehmen und in den Kühlschrank stellen, damit es leicht antaut und seinen Geschmack entfalten kann.

KOKOS-SCHOKOLADEN-SORBET

Für etwa 1 Liter Sorbet

- 200 g Zartbitterschokolade
  (mindestens 50 % Kakaogehalt)
- 1 Vanilleschote
- 200 ml Wasser
- 130 g Zucker
- 1 Prise Salz
- 400 ml Kokosmilch

● **Vorbereiten**: Die Schokolade fein hacken. Die Vanilleschote längs aufschneiden und das Mark herausschaben. Schote und Mark mit Wasser, Zucker und Salz in einen großen Topf mit dickem Boden geben.

● **Zubereitung**: Das Ganze kochen lassen, bis sich der Zucker vollständig aufgelöst hat. Die Schokolade untermischen und rühren, bis sie geschmolzen ist. Die Masse 15 Minuten ziehen lassen und durch ein feinmaschiges Sieb passieren.

● **Abkühlen**: Die Masse im eiskalten Wasserbad abkühlen lassen. Die Schokomasse und die Kokosmilch mit dem Stabmixer zu einer glatten Creme verrühren, es dürfen keine Klümpchen entstehen.

● **Gefrieren**: Die Sorbetmasse in die Eismaschine geben, sie sollte fest, aber nicht hart gefroren sein. Sorbet in eine Plastikbox füllen, mit Backpapier abdecken und das Papier glatt streichen, damit keine Blasen entstehen. Sorbet in der luftdicht verschlossenen Box mindestens 4 Stunden im Tiefkühlfach fest werden lassen.

● **Servieren**: Das Sorbet etwa 15 Minuten vor dem Servieren aus dem Tiefkühlfach nehmen und in den Kühlschrank stellen, damit es leicht antaut und seinen Geschmack entfalten kann.

APFEL-ZIMT-SORBET

Für etwa 1 Liter Sorbet

- 1 kg Äpfel (säuerliche Sorte wie Granny Smith oder Golden Delicious)
- Saft von 1 Zitrone
- 100 ml Wasser
- 170 g Zucker
- 1 EL gemahlener Zimt
- 3 EL Glukosepulver

♦ **Vorbereitung**: Äpfel waschen und vierteln. Äpfel nicht schälen, sondern nur Stiele und Kerngehäuse entfernen. Die Apfelspalten mit zwei Esslöffel Zitronensaft im Mixer fein pürieren. Der Zitronensaft verhindert, dass sich das Fruchtfleisch braun färbt. Das Apfelpüree durch ein feinmaschiges Sieb streichen und kühl stellen.

♦ **Zubereitung**: Wasser, Zucker, Zimt und Glukosepulver in einen Topf geben, alles einmal aufkochen lassen, damit Läuterzucker entsteht, und 10 Minuten ziehen lassen.

♦ **Abkühlen**: Den Läuterzucker im eiskalten Wasserbad abkühlen lassen. Apfelpüree und Läuterzucker mit dem Stabmixer gründlich verrühren. Masse nach Belieben mit Zitronensaft abschmecken.

♦ **Gefrieren**: Die Masse in der Eismaschine möglichst schnell gefrieren lassen, damit sich der Sorbetmix nicht bräunlich verfärbt. Sorbet in eine Plastikbox geben, mit Backpapier abdecken und das Papier glatt streichen, damit keine Blasen entstehen. Dann in der luftdicht verschlossenen Box mindestens 4 Stunden im Tiefkühlfach fest werden lassen.

♦ **Servieren**: Das Sorbet etwa 15 Minuten vor dem Servieren aus dem Tiefkühlfach nehmen und in den Kühlschrank stellen, damit es leicht antaut und seinen Geschmack entfalten kann.

ERDBEER-RHABARBER-SORBET

Für etwa 1 Liter Sorbet

- 3 Stangen Rhabarber
- 600 g Erdbeeren
- 210 g Zucker
- 200 ml Wasser
- 3 EL Glukosepulver
- Saft von ½ Zitrone

● **Vorbereitung**: Rhabarber waschen, Blattansatz und helle Enden entfernen, dann Stiele schälen und in Stücke schneiden. Die Erdbeeren mit 40 Gramm Zucker im Mixer pürieren. Das Erdbeermark durch ein feinmaschiges Sieb passieren und kühl stellen.

● **Zubereitung**: Den Rhabarber im Wasser weich kochen, restlichen Zucker und Glukosepulver hinzufügen und alles kochen lassen, bis sich der Zucker aufgelöst hat.

● **Abkühlen**: Masse im eiskalten Wasserbad abkühlen lassen und durch ein feinmaschiges Sieb passieren. Erdbeermark zum Rhabarberpüree geben, mit dem Stabmixer gründlich verrühren. Den Mix nach Belieben mit Zitronensaft abschmecken. Die Masse einige Stunden im Kühlschrank ruhen lassen.

● **Gefrieren**: Danach die Masse in der Eismaschine gefrieren lassen, bis sie fest, aber nicht hart ist. Sorbet in eine Plastikbox füllen, mit Backpapier abdecken und das Papier glatt streichen, damit keine Blasen entstehen. Das Sorbet in der luftdicht verschlossenen Box mindestens 4 Stunden im Tiefkühlfach fest werden lassen.

● **Servieren**: Das Sorbet etwa 15 Minuten vor dem Servieren aus dem Tiefkühlfach nehmen und in den Kühlschrank stellen, damit es leicht antaut und seinen Geschmack entfalten kann.

MANGOSORBET

Für etwa 1 Liter Sorbet

- 3 reife Mangos
  (etwa 600 ml Fruchtpüree)
- 170 g Zucker
- 150 ml Wasser
- 3 EL Glukosepulver
- Saft von 1 Limette

● **Vorbereitung**: Die Mangos schälen, von den Steinen befreien und das Fruchtfleisch in Stücke schneiden. Mangostücke pürieren, das Püree durch ein feinmaschiges Sieb streichen und kühl stellen.

● **Zubereitung**: Zucker, Wasser und Glukosepulver in einem Topf einmal aufkochen lassen, damit Läuterzucker entsteht.

● **Abkühlen**: Den Läuterzucker im eiskalten Wasserbad abkühlen lassen. Mangopüree und Läuterzucker mit dem Stabmixer verrühren. Masse nach Belieben mit Limettensaft abschmecken.

● **Gefrieren**: Die Sorbetmasse in der Eismaschine gefrieren lassen, bis sie fest, aber nicht hart ist. Sorbet in eine Plastikbox füllen, mit Backpapier abdecken und das Papier glatt streichen, damit keine Blasen entstehen. Dann das Sorbet in der luftdicht verschlossenen Box mindestens 4 Stunden im Tiefkühlfach fest werden lassen.

● **Servieren**: Das Mangosorbet etwa 15 Minuten vor dem Servieren aus dem Tiefkühlfach nehmen und in den Kühlschrank stellen, damit es leicht antaut und seinen Geschmack entfalten kann.

ERDBEERSORBET

Für etwa 1 Liter Sorbet

- 700 g Erdbeeren
  (frisch oder aufgetaut)
- 170 g Zucker
- 200 ml Wasser
- 3 EL Glukosepulver
- 2 EL Kirschlikör (nach Belieben)
- Saft von ½ Zitrone

● **Vorbereitung**: Erdbeeren mit 40 Gramm Zucker im Mixer pürieren, das Erdbeermark durch ein feinmaschiges Sieb streichen und kühl stellen.

● **Zubereitung**: Wasser, restlichen Zucker, Glukosepulver und Likör in einen Topf geben und alles einmal aufkochen lassen, damit Läuterzucker entsteht.

● **Abkühlen**: Den Läuterzucker im eiskalten Wasserbad abkühlen lassen. Erdbeermark und Läuterzucker mit dem Stabmixer verrühren. Sorbetmix nach Belieben mit Zitronensaft abschmecken.

● **Gefrieren**: Den Sorbetmix in der Eismaschine gefrieren lassen, bis er fest, aber nicht hart ist. Sorbet in eine Plastikbox füllen, mit Backpapier abdecken und das Papier glatt streichen, damit keine Blasen entstehen. Dann in der luftdicht verschlossenen Box mindestens 4 Stunden im Tiefkühlfach fest werden lassen.

● **Servieren**: Das Sorbet etwa 15 Minuten vor dem Servieren aus dem Tiefkühlfach nehmen und in den Kühlschrank stellen, damit es leicht antaut und seinen Geschmack entfalten kann.

HIMBEERSHERBET

Für etwa 1 Liter Sherbet

- 200 g Himbeeren
  (frisch oder aufgetaut)
- 170 g Zucker
- 2 EL heller Honig oder
  Glukosepulver
- 450 ml Vollmilch
- Saft von ½ Zitrone

● **Vorbereitung**: Die Himbeeren im Mixer pürieren und das Püree durch ein feinmaschiges Sieb streichen.

● **Zubereitung**: Zucker und Honig oder Glukosepulver in einen Topf geben und unter ständigem Rühren einige Minuten köcheln lassen, bis alles geschmolzen ist (Vorsicht, die Lösung darf nicht karamellisieren). Den Topf vom Herd nehmen und die Milch sofort mit dem Schneebesen unter die noch heiße Masse rühren.

● **Abkühlen**: Die Mischung im eiskalten Wasserbad abkühlen lassen. Das Himbeerpüree unterrühren und den Mix nach Belieben mit Zitronensaft abschmecken.

● **Gefrieren**: Den Sherbetmix in der Eismaschine gefrieren lassen, bis er fest, aber nicht hart ist. Sherbet in eine Plastikbox füllen, mit Backpapier abdecken und das Papier glatt streichen, damit keine Blasen entstehen. Dann das Sherbet in der luftdicht verschlossenen Box mindestens 4 Stunden im Tiefkühlfach fest werden lassen.

● **Servieren**: Das Himbeersherbet etwa 15 Minuten vor dem Servieren aus dem Tiefkühlfach nehmen und in den Kühlschrank stellen, damit es leicht antaut und seinen Geschmack entfalten kann.

ZITRONENSHERBET

Für etwa 1,2 Liter Sherbet

- 6–7 unbehandelte Zitronen
- 250 ml Wasser
- 220 g Zucker
- 3 EL Glukosepulver
- 250 ml Vollmilch

● **Vorbereitung**: Zitronen gründlich waschen, Schale von zwei Zitronen abreiben und in einen Topf geben. Zitronen auspressen (es werden etwa 250 Milliliter Saft benötigt). Den Saft durch ein feinmaschiges Sieb gießen und kühl stellen.

● **Zubereitung**: Wasser, Zucker und Glukosepulver zur abgeriebenen Zitronenschale hinzufügen und alles einmal aufkochen lassen, damit Läuterzucker entsteht. Läuterzucker 15 Minuten ziehen lassen, dann durch ein feinmaschiges Sieb gießen.

● **Abkühlen**: Den Läuterzucker im eiskalten Wasserbad abkühlen lassen. Zitronensaft, Milch und Läuterzucker gründlich mit dem Stabmixer verrühren.

● **Gefrieren**: Den Sherbetmix in der Eismaschine gefrieren lassen, bis er fest, aber nicht hart ist. Die Masse in eine Plastikbox füllen, mit Backpapier abdecken und das Papier glatt streichen, damit keine Blasen entstehen. Das Sherbet in der luftdicht verschlossenen Box mindestens 4 Stunden im Tiefkühlfach fest werden lassen.

● **Servieren**: Das Zitronensherbet etwa 15 Minuten vor dem Servieren aus dem Tiefkühlfach nehmen und in den Kühlschrank stellen, damit es leicht antaut und seinen Geschmack entfalten kann.

Tipp!
Nach dem gleichen Rezept lässt sich ein Limettensherbet herstellen. Statt Zitronen verwendet man die gleiche Anzahl Limetten.

WASSERMELONEN-GRANITÉ

Für etwa 1 Liter Granité

- ½ Wassermelone (mittelgroß)
- 2 Limetten
- 200 ml Wasser
- 170 g Zucker

● **Vorbereitung**: Kerne aus der Melone mit einem Löffel herausschaben, Fruchtfleisch herauslösen und in Stücke schneiden. Die Limetten auspressen, Saft zum Melonenfruchtfleisch geben und alles fein pürieren. Das Fruchtpüree durch ein feinmaschiges Sieb passieren. 600 Milliliter Püree abmessen und kühl stellen.

● **Zubereiten**: Wasser und Zucker in einen Topf geben, unter ständigem Rühren aufkochen lassen, bis sich der Zucker aufgelöst hat und Läuterzucker entstanden ist.

● **Abkühlen**: Den Läuterzucker im eiskalten Wasserbad abkühlen lassen. Dann das Melonenpüree und den Läuterzucker im Mixer verrühren.

● **Gefrieren**: Den Granitémix in einer Plastikbox luftdicht verschlossen ins Tiefkühlfach stellen. Die Box nur zur Hälfte befüllen, da sich die Flüssigkeit ausdehnt, wenn sie gefriert. Außerdem benötigt man beim Umrühren Platz in der Box. Und je dünner die Granitéschicht ist, umso schneller gefriert sie! Die Box einmal pro Stunde herausnehmen und die Masse mit einer Gabel durchrühren. Die Eiskristalle am Behälterrand abschaben und unterrühren, größere Teile mit der Gabel zerstoßen. Das fertige Granité sollte aus vielen kleinen Eiskristallen bestehen. Ist das Granité zu hart gefroren, einige Minuten bei Zimmertemperatur antauen lassen und dann erneut durchrühren.

● **Servieren**: Granité schmilzt schnell und sollte sofort serviert werden – zum Beispiel in Dekogläsern, mit Limettenzesten und Minzeblättern garniert. Granité schmeckt am besten frisch zubereitet.

PREISELBEER-GRANITÉ

Für etwa 1 Liter Granité

- 400 g Preiselbeeren
  (frisch oder aufgetaut)
- 500 ml Wasser
- 130 g Zucker

• **Vorbereiten**: Die Preiselbeeren pürieren, durch ein feinmaschiges Sieb streichen und das Püree kühl stellen.

• **Zubereiten**: Wasser und Zucker in einem Topf unter ständigem Rühren aufkochen lassen, bis sich der Zucker aufgelöst hat.

• **Abkühlen**: Den Läuterzucker abkühlen lassen. Das Preiselbeerpüree und den Läuterzucker mit dem Stabmixer verrühren.

• **Gefrieren**: Den Granitémix in einer Plastikbox luftdicht verschlossen ins Tiefkühlfach stellen. Die Box nur zur Hälfte befüllen, da sich die Flüssigkeit ausdehnt, wenn sie gefriert. Außerdem benötigt man beim Umrühren Platz in der Box. Und je dünner die Granitéschicht ist, umso schneller gefriert sie! Die Box einmal pro Stunde herausnehmen und die Masse mit einer Gabel durchrühren. Die Eiskristalle am Behälterrand abschaben und unterrühren, größere Teile mit der Gabel zerstoßen. Das fertige Granité sollte aus vielen kleinen Eiskristallen bestehen. Ist das Granité zu hart gefroren, einige Minuten bei Zimmertemperatur antauen lassen und dann erneut durchrühren.

• **Serviervorschlag**: Granité schmilzt schnell und sollte sofortserviert werden – zum Beispiel in Dekogläsern, mit einigen Preiselbeeren garniert. Granité schmeckt am besten frisch zubereitet.

ESPRESSO-GRANITÉ

Für etwa 1 Liter Granité

- 800 ml warmer Espresso oder
  sehr starker Kaffee
- 1 EL Kakaopulver
- 250 g Zucker

• **Zubereitung**: Kaffee oder Espresso, Kakaopulver und Zucker verrühren, bis sich der Zucker aufgelöst hat.

• **Abkühlen**: Die Mischung im eiskalten Wasserbad abkühlen lassen.

• **Gefrieren**: Den Granitémix in einer Plastikbox luftdicht verschlossen ins Tiefkühlfach stellen. Die Box nur zur Hälfte befüllen, da sich die Flüssigkeit ausdehnt, wenn sie gefriert. Außerdem benötigt man beim Umrühren Platz in der Box. Und je dünner die Granitéschicht ist, umso schneller gefriert sie! Die Box einmal pro Stunde herausnehmen und die Masse mit einer Gabel durchrühren. Die Eiskristalle am Behälterrand abschaben und unterrühren, größere Teile mit der Gabel zerstoßen. Das fertige Granité sollte aus vielen kleinen Eiskristallen bestehen. Ist das Granité zu hart gefroren, einige Minuten bei Zimmertemperatur antauen lassen und dann erneut durchrühren.

• **Servieren**: Granité schmilzt schnell und sollte sofort serviert werden – zum Beispiel in Keramikbechern, mit einigen Kaffeebohnen garniert. Granité schmeckt am besten frisch zubereitet.

WEISSE-SCHOKO-HIMBEER-STIELEIS

Für 6–8 Stück

- 100 g weiße Schokolade
- 100 ml Vollmilch
- 100 g Sahne
- 4 EL Zucker
- 1 Prise Salz
- 50 g TK-Himbeeren

● Die Schokolade fein hacken.

● Milch, Sahne, Zucker und Salz unter ständigem Rühren aufkochen lassen. Die Schokolade darin schmelzen und die Sahne-Schoko-Mischung kühl stellen.

● Die erkaltete Masse in die Eisformen füllen und diese für 45 Minuten ins Tiefkühlfach geben, bis das Eis beginnt, fest zu werden.

● Die gefrorenen Himbeeren gleichmäßig auf die Formen verteilen und vorsichtig in die Eismasse drücken.

● Die Stiele in die Formen stecken und diese für mindestens 6 Stunden ins Tiefkühlfach stellen (jedoch nicht länger als 1 Woche aufbewahren). Bei Eisformen ohne dazugehörige Stiele die Masse mindestens 45 – 60 Minuten gefrieren lassen, bevor man die Stiele hineinsteckt. Auf diese Weise verschieben sie sich nicht (siehe auch Seite 7).

● Um das Eis aus der Form zu lösen, etwas warmes Wasser über die Form laufen lassen und vorsichtig am Stiel drehen.

BROMBEER-STIELEIS

Für 6–8 Stück

- 360 g griechischer Joghurt
  (10 % Fettgehalt)
- 1 EL Vanillezucker
- 4 EL Zucker
- 100 g Brombeeren
  (frisch oder aufgetaut)

● Joghurt, Vanillezucker und Zucker im Mixer verrühren. Etwa die Hälfte der Mischung umfüllen und beiseitestellen.

● Die Hälfte der Brombeeren mit der restlichen Joghurtmasse im Mixer pürieren. Wenn keine Kerne im Eis erwünscht sind, das Püree durch ein feinmaschiges Sieb passieren.

● Brombeerjoghurt auf die Eisformen verteilen und die Formen für 30 – 45 Minuten ins Tiefkühlfach stellen.

● Die Eisformen wieder herausnehmen und mit dem restlichen Joghurt auffüllen. Formen nochmals für 30 Minuten ins Tiefkühlfach geben.

● Die Formen aus dem Tiefkühlfach nehmen und die Stiele vorsichtig hineinstecken. Rund um die Stiele die restlichen Brombeeren (ganz oder halbiert) hineindrücken. Formen für mindestens 6 Stunden ins Tiefkühlfach stellen (jedoch nicht länger als 1 Woche aufbewahren). Bei Eisformen ohne dazugehörige Stiele das Eis mindestens 45 – 60 Minuten gefrieren lassen, bevor man die Stiele hineinsteckt. Auf diese Weise verschieben sie sich nicht (siehe auch Seite 7).

● Um das Eis aus der Form zu lösen, etwas warmes Wasser über die Form laufen lassen und vorsichtig am Stiel drehen.

WASSEREIS AM STIEL

Für 6–8 Stück

- 250 ml Fruchtsaft (z.B. Himbeer-, Erdbeer- oder Heidelbeersaft)
- 250 ml Wasser

• Saft und Wasser mischen.

• Die Eisformen damit auffüllen und die Stiele hineinstecken. Die Formen für mindestens 6 Stunden ins Tiefkühlfach stellen (jedoch nicht länger als 1 Woche aufbewahren). Bei Eisformen ohne dazugehörige Stiele die Masse mindestens 45 – 60 Minuten gefrieren lassen, bevor man die Stiele hineinsteckt. Auf diese Weise verschieben sie sich nicht (siehe auch Seite 7).

• Das Stieleis vor dem Servieren aus dem Tiefkühlfach nehmen und bei Zimmertemperatur 2 Minuten ruhen lassen.

• Um das Eis aus der Form zu lösen, etwas warmes Wasser über die Form laufen lassen und vorsichtig am Stiel drehen.

Tipp!
Für Wassereis mit Streifenmuster werden verschiedenfarbige Säfte in Schichten gefroren. Dazu füllt man die erste Schicht in die Eisformen und lässt sie 30 Minuten gefrieren. Darauf verteilt man die nächste Farbschicht und stellt die Formen für weitere 30 Minuten in das Tiefkühlfach. Das kann je nach Größe der Formen beliebig oft wiederholt werden. Nach der letzten Schicht steckt man die Stiele in die Formen und lässt das Eis mindestens 6 Stunden gefrieren. Man kann das Wassereis mit Fruchtstücken oder ganzen Beeren garnieren.

HIMBEER-VANILLEJOGHURT-STIELEIS

Für 6–8 Stück

- 150 g Himbeeren
  (frisch oder aufgetaut)
- 40 g Zucker
- 2 EL heller Honig
- 360 g Vanillejoghurt

● Einige Himbeeren zum Garnieren beiseitelegen.

● Himbeeren, Zucker, Honig und 120 Gramm Joghurt im Mixer fein pürieren. Wenn keine Kerne im Eis erwünscht sind, das Püree durch ein feinmaschiges Sieb passieren.

● Ungefähr die Hälfte des Himbeerpürees auf die Eisformen verteilen und die Formen für 30 Minuten ins Tiefkühlfach stellen.

● Die Eisformen aus dem Tiefkühlfach nehmen und den restlichen Joghurt in die Formen füllen. Die beiseite-gelegten Himbeeren halbieren und nach Belieben in die Formen stecken. Alles zurück ins Tiefkühlfach geben und 30 Minuten gefrieren lassen.

● Die Formen wieder herausnehmen und mit dem restlichen Himbeerpüree auffüllen. Dann die Stiele in das Eis stecken. Die Formen für mindestens 6 Stunden ins Tiefkühlfach stellen (jedoch nicht länger als 1 Woche aufbewahren). Bei Eisformen ohne dazugehörige Stiele die Masse mindestens 45 – 60 Minuten gefrieren lassen, bevor man die Stiele hineinsteckt. Auf diese Weise ver-schieben sie sich nicht (siehe auch Seite 7).

● Um das Eis aus der Form zu lösen, etwas warmes Wasser über die Form laufen lassen und vorsichtig am Stiel drehen.

KOKOS-STIELEIS

Für 6–8 Stück

- 200 ml Kokosmilch
- 200 ml gezuckerte Kondensmilch
- 100 ml Vollmilch
- 1 TL Vanillezucker
- 1 Prise Salz
- 35 g Kokosraspel

● Alle Zutaten bis auf die Kokosraspel gründlich vermischen. Zum Schluss die Kokosraspel unterrühren.

● Die Masse auf die Eisformen verteilen und die Stiele hineinstecken. Die Formen für mindestens 6 Stunden ins Tiefkühlfach stellen (jedoch nicht länger als 1 Woche aufbewahren). Bei Eisformen ohne dazugehörige Stiele die Masse mindestens 45 – 60 Minuten gefrieren lassen, bevor man die Stiele hineinsteckt. Auf diese Weise verschieben sie sich nicht (siehe auch Seite 7).

● Um das Eis aus der Form zu lösen, etwas warmes Wasser über die Form laufen lassen und vorsichtig am Stiel drehen.

Tipp!
Das Sieleis in geschmolzener Schokolade wenden. Das ist ganz leicht und sieht dekorativ aus!

SMOOTHIE-STIELEIS MIT MANGO UND ERDBEEREN

Für 6–8 Stück

- 1 reife Mango
- 4 EL Honig
- Saft von 1 Limette
- 12 Erdbeeren

● Die Mango mit einem Sparschäler abschälen. Das Fruchtfleisch vorsichtig vom harten Stein schneiden und zerkleinern. Die Mangostücke mit zwei Esslöffel Honig und der Hälfte des Limettensafts zu einem feinen Smoothie im Mixer pürieren und durch ein feinmaschiges Sieb passieren. Die Eisformen zu einem Drittel mit der Hälfte der Masse füllen und für 30 Minuten ins Tiefkühlfach stellen. Den Mixeraufsatz gründlich reinigen.

● Die Erdbeeren mit zwei Esslöffel Honig und dem restlichen Limettensaft im Mixer fein pürieren, dann durch ein feinmaschiges Sieb passieren.

● Die Eisformen aus dem Tiefkühlfach nehmen und die Erdbeer-Smoothie-Masse einfüllen. Formen für 30 Minuten in das Tiefkühlfach zurückstellen.

● Die Eisformen wieder herausnehmen, mit dem restlichen Mango-Smoothie auffüllen und die Stiele hineinstecken. Die Formen für mindestens 6 Stunden ins Tiefkühlfach stellen (jedoch nicht länger als 1 Woche aufbewahren). Bei Eisformen ohne dazugehörige Stiele die Masse mindestens 45–60 Minuten gefrieren lassen, bevor man die Stiele hineinsteckt. Auf diese Weise verschieben sie sich nicht (siehe auch Seite 7).

● Um das Eis aus der Form zu lösen, etwas warmes Wasser über die Form laufen lassen und vorsichtig am Stiel drehen.

Tipp!
Smoothie-Stieleis lässt sich aus allen möglichen Beeren und Früchten herstellen. Hier kann man ganz nach Belieben kombinieren!

STIELEIS MIT FRUCHTSTÜCKEN

Für 6–8 Stück

- ½ reife Mango
- 5–6 Orangen
- 1 Zitrone
- 4 EL Puderzucker
- 3 EL heller Honig

● Die Mango mit einem Sparschäler abschälen. Das Fruchtfleisch vorsichtig vom harten Kern schneiden und zerkleinern.

● Orangen und Zitrone auspressen. Darauf achten, dass keine Kerne zurückbleiben, sonst bekommt das Eis einen bitteren Beigeschmack.

● 500 Milliliter Zitrussaft mit Puderzucker und Honig im Mixer pürieren, bis sich der Zucker aufgelöst hat.

● Die Saftmischung in die Eisformen füllen, dabei etwas Platz für die Mangostückchen frei lassen. Die Formen für 30 Minuten in das Tiefkühlfach stellen, bis das Eis zähflüssig ist.

● Die Eisformen aus dem Tiefkühlfach nehmen, die Masse vorsichtig umrühren und die Fruchtstückchen untermischen. Die Stiele in die Formen stecken und diese für mindestens 6 Stunden ins Tiefkühlfach stellen (jedoch nicht länger als 1 Woche aufbewahren). Bei Eisformen ohne dazugehörige Stiele die Masse mindestens 45 – 60 Minuten gefrieren lassen, bevor man die Stiele hineinsteckt. Auf diese Weise verschieben sie sich nicht (siehe auch Seite 7).

● Um das Eis aus der Form zu lösen, etwas warmes Wasser über die Form laufen lassen und vorsichtig am Stiel drehen.

Tipp!
Das Eis erhält ein interessantes Muster, wenn man statt Mangostückchen zerkleinerte Erdbeeren oder Himbeeren verwendet.

STIELEIS MIT SÜSSIGKEITEN

Für 6–8 Stück

- ½ Liter Vanilleeis
  (am besten selbst hergestellt)
- 100 g Süßigkeiten
  (nach Belieben)

• Die Eiscreme in eine Schüssel füllen und antauen lassen, bis man die gewünschten Süßigkeiten untermischen kann.

• Die Süßigkeiten mit einem Holzlöffel untermengen.

• Die Masse auf die Eisformen verteilen und die Oberfläche glatt streichen, damit sich keine Luftblasen im Eis bilden können. Die Stiele in die Formen stecken und diese für mindestens 6 Stunden ins Tiefkühlfach stellen (jedoch nicht länger als 1 Woche aufbewahren). Bei Eisformen ohne dazugehörige Stiele die Masse mindestens 45 – 60 Minuten gefrieren lassen, bevor man die Stiele hineinsteckt. Auf diese Weise verschieben sie sich nicht (siehe auch Seite 7).

• Um das Eis aus der Form zu lösen, etwas warmes Wasser über die Form laufen lassen und vorsichtig am Stiel drehen.

Tipp!
Die Eismasse kann zum Beispiel mit gehackter Schokolade, Nüssen, einem zerkleinerten Schoko-Krokant-Riegel, Zuckerstangen, Schoko-Minz-Blättchen oder Schokolinsen gemischt werden. Es eignen sich auch zerkleinerte Kekse, Brownies oder Marshmallows.

SAUCEN UND GARNITUREN

EISWAFFELN UND WAFFELKÖRBCHEN

Für 6–8 Stück

- 2 Eiweiße
- 50 g Sahne
- 5 EL Butter
- 90 g Mehl
- 60 g Puderzucker
- 1 Prise Salz

● Für Eiswaffeln benötigt man ein spezielles Waffeleisen.

● Eiweiße und Sahne mit dem Handmixer verrühren.

● Die Butter schmelzen.

● Mehl, Puderzucker und Salz zur Eiweißmischung geben und gründlich unterrühren.

● Butter unterrühren und Teig mindestens 10 Minuten quellen lassen.

● Waffeleisen erhitzen, Waffeln backen, diese sofort zu Tüten rollen und in einem Glas stehend abkühlen lassen. Körbchen erhält man, wenn man die frisch gebackene Waffel über einem umgedrehten Glas abkühlen lässt. Waffeln sollten nicht länger als 1 Woche in einem verschlossenen Frischhaltebeutel oder einem verschließbaren Glas aufbewahrt werden.

KARAMELLISIERTE NÜSSE

- 200 g Nüsse (nach Belieben Haselnüsse, Mandeln, Pekannüsse, Pistazien, Pinienkerne, Macadamianusskerne)
- 50 g Puderzucker
- 1 TL Butter

● Die Nüsse in einer trockenen Pfanne leicht anrösten, Puderzucker dazugeben und so lange rühren, bis sie mit einer goldbraunen Karamellschicht überzogen sind. Man kann auch zuerst den Zucker schmelzen, bis er goldbraun ist, und dann die Nussmischung hinzufügen.

● Zum Schluss die Butter zu den Nüssen geben und gründlich unterrühren, damit die Nüsse nicht mehr zusammenkleben.

● Die karamellisierten Nüsse in einem luftdicht verschließbaren Glasbehältnis aufbewahren.

KARAMELLSAUCE

- 85 g Zucker
- 1 Prise Salz
- 1 TL Vanillezucker
- 3 EL Wasser
- 100 g Sahne

● Zucker, Salz, Vanillezucker und Wasser in eine Pfanne oder einen Topf mit dickem Boden geben und unter Rühren erhitzen, bis eine goldbraune Karamellmasse entsteht. Die Hälfte der Sahne angießen und alles zu einer glatten Sauce verrühren. Die restliche Sahne dazugeben und das Ganze aufkochen lassen.

● Die Sauce schmeckt am besten, wenn sie warm serviert wird.Sie kann in einem fest verschlossenen Behältnis bis zu 1 Woche im Kühlschrank aufbewahrt werden

KAKAOSAUCE

- 2 Eigelbe
- 85 g Zucker
- 300 ml Vollmilch
- 2 EL ungesüßtes Kakaopulver

● Eigelbe und Zucker in einer Rührschüssel schaumig schlagen. Milch und Kakaopulver hinzufügen.

● Die Mischung in einen Topf geben und aufkochen lassen.

● Die Sauce schmeckt am besten, wenn sie gekühlt serviert wird.

BEERENSAUCE

- 400 g Beeren
- 60 g Puderzucker
- 1 TL Vanillezucker
- Zitronensaft nach Belieben

● Die Beeren mit Puderzucker und Vanillezucker im Mixer pürieren.

● Das Püree durch ein feinmaschiges Sieb passieren und die Sauce nach Belieben mit Zitronensaft abschmecken.

HELLE SCHOKOLADENSAUCE

- 200 ml Vollmilch
- 2 TL Vanillezucker
- 60 g Vollmilchschokolade, gerieben
- 30 g Zartbitterschokolade, gerieben
- 2 Eigelbe
- 2 EL Puderzucker
- 1 TL Maisstärke

● Die Vanilleschote längs aufschneiden und das Mark herausschaben. Beides in einen Topf geben und mit der Sahne und dem Puderzucker einige Minuten kochen lassen. Die Sahnemischung vom Herd nehmen, dann die Vanilleschote entfernen.

● Die Schokolade in eine Schüssel geben und mit der noch warmen Flüssigkeit übergießen. Alles gut verrühren, bis eine glatte Sauce entsteht.

● Lauwarm serviert, schmeckt diese Sauce am besten.

© der deutschen Ausgabe:
Ullmann Medien GmbH

© der schwedischen Originalausgabe:
Glass – frysta favoriter för alla smaker
Stevali

Fotos: Eliq Maranik und Stefan Lindström
mit Ausnahme von
Seite 4: www.istockphoto.com
Frontcover, Seite 9: www.shutterstock.com
Creative Director: Stefan Lindström
Art Director: Eliq Maranik
Redaktion: Eva Stjerne Ord & Form

Übersetzung aus dem Schwedischen: Anne Görblich-Baier
für bookwise GmbH, München
Redaktion: Gisela Witt für bookwise GmbH, München
Satz und Produktion basierend auf einem Layout von Mango, Paris:
Satz- & Verlagsservice Bogun, Berlin

Umschlaggestaltung basierend auf einem Layout von Mango, Paris:
Roman Bold & Black, Köln
Illustrationen Cover und Seite 79: Shutterstock

Sonderausgabe

Gesamtherstellung: Ullmann Medien GmbH, Potsdam

ISBN: 978-3-7415-2185-0

www.ullmannmedien.com
info@ullmannmedien.com
facebook.com/ullmannmedien
twitter.com/ullmannmedien